AF188039

Impressum
Verlag: BABADADA GmbH, Nedderfeld 112 , 22529 Hamburg
Geschäftsführer / Verlagsleitung: Harald Hof
Druck: Books on Demand GmbH, In de Tarpen 42, 22848 Norderstedt

Imprint
Publisher: BABADADA GmbH, Nedderfeld 112 , 22529 Hamburg, Germany
Managing Director / Publishing direction: Harald Hof
Print: Books on Demand GmbH, In de Tarpen 42, 22848 Norderstedt

Szkoła

學校

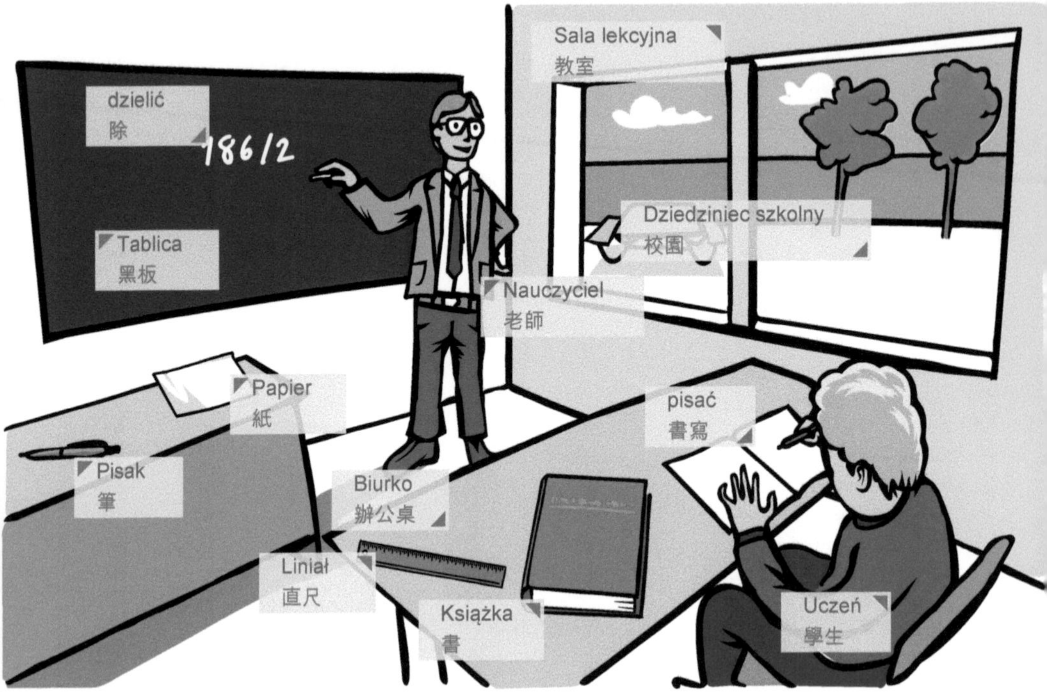
Sala lekcyjna
教室
dzielić
除
186/2
Tablica
黑板
Dziedziniec szkolny
校園
Nauczyciel
老師
Papier
紙
pisać
書寫
Pisak
筆
Biurko
辦公桌
Liniał
直尺
Książka
書
Uczeń
學生

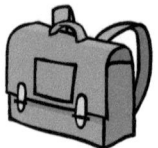

Plecak szkolny

書包

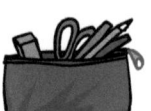

Piórnik

鉛筆盒

Ołówek

鉛筆

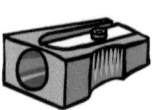

Temperówka

削鉛筆機

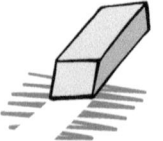

Gumka do mazania

橡皮擦

Blok rysunkowy

畫板

Rysunek

圖畫

Pędzel

畫筆

Pudełko z akwarelami

顏料盒

Nożyce

剪刀

Klej

膠水

Książka do ćwiczenia

練習冊

Zadanie domowe

家庭作業

12

Liczba

數字

2+2

dodawać

加

5-2

odejmować

減

2×2

mnożyć

乘

liczyć

計算

A

Litera

字母

ABCDEFG
HIJKLMN
OPQRSTU
VWXYZ

Alfabet

字母表

hello

Słowo

字

Tekst

課文

czytać

讀

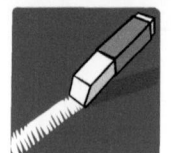

Kreda

粉筆

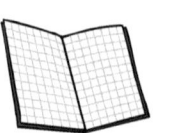

Godzina

上課

Dziennik lekcyjny

登記

Egzamin

考試

Świadectwo

證書

Mundurek szkolny

校服

Wykształcenie

教育

Leksykon

百科全書

Uniwersytet

大學

Mikroskop

顯微鏡

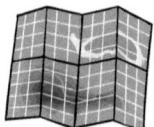

Mapa

地圖

Kosz na odpadki

廢紙簍

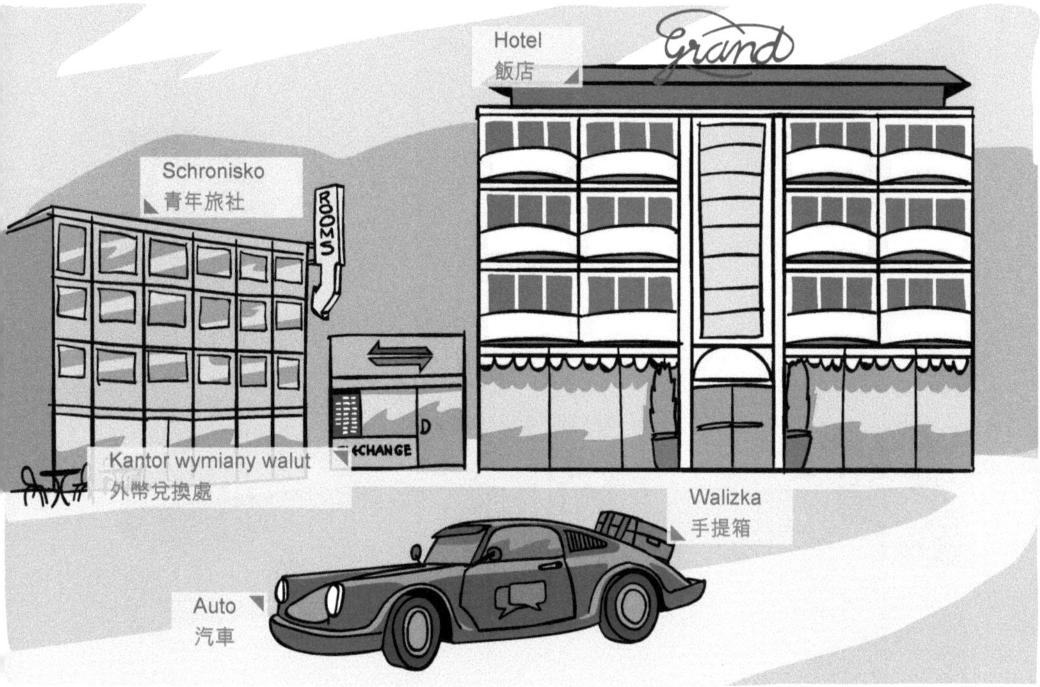

Hotel
飯店
Grand
Schronisko
青年旅社
ROOMS
Kantor wymiany walut
外幣兌換處
EXCHANGE
Walizka
手提箱
Auto
汽車

Język

語言

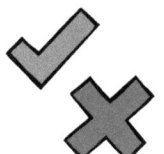

tak / nie

是/否

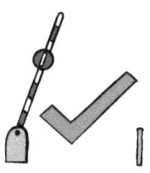

OK

好的

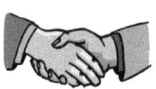

Halo

您好

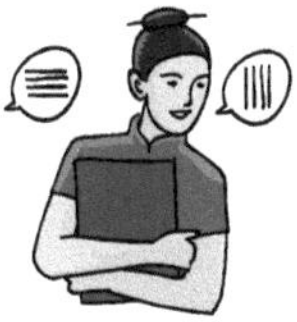

Tłumacz

翻譯人員

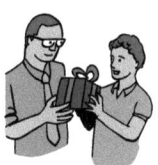

Dziękuję

謝謝

Ile kosztuje ...?

......多少錢？

Nie rozumiem

我不明白

Problem

問題

Dobry wieczór!

晚上好！

Dzień dobry!

早上好！

Dobranoc!

晚安！

Do widzenia

再見

Kierunek

方向

Bagaż

行李

Torba

包

Plecak

背包

Gość

客人

Pokój

房間

Śpiwór

睡袋

Namiot

帳篷

Informacja turystyczna
....
旅行資訊

Plaża
....
海灘

Karta kredytowa
....
信用卡

Śniadanie
....
早餐

Obiad
....
午餐

Kolacja
....
晚餐

Bilet
....
票

Winda
....
電梯

Znaczek na list
....
郵票

Granica
....
邊界

Cło
....
海關

Ambasada
....
大使館

Wiza
....
簽證

Paszport
....
護照

Transport
交通運送

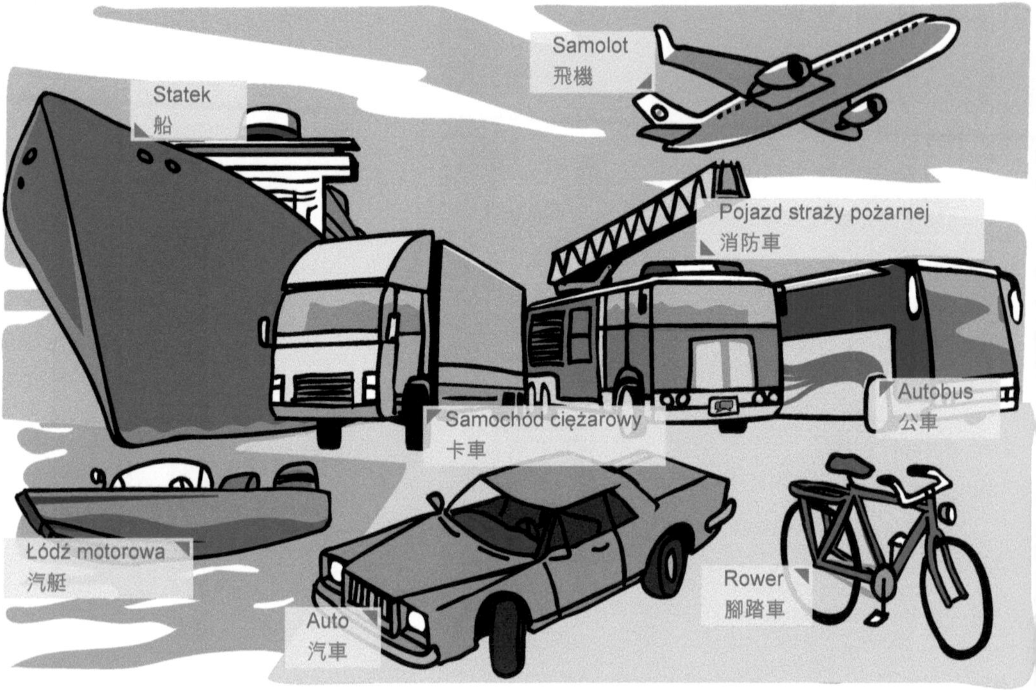
Samolot
飛機
Statek
船
Pojazd straży pożarnej
消防車
Autobus
公車
Samochód ciężarowy
卡車
Łódź motorowa
汽艇
Rower
腳踏車
Auto
汽車

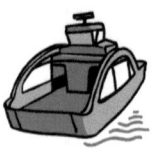

Prom

渡輪

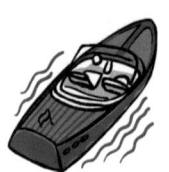

Łódź

小船

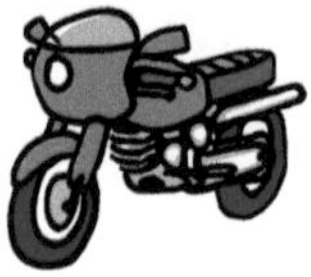

Motocykl

機車

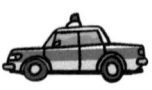

Radiowóz policyjny

警車

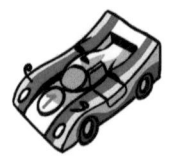

Samochód wyścigowy

賽車

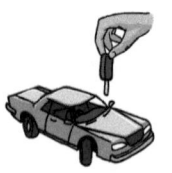

Samochód wypożyczony

租車

Wspólne przejazdy
samochodem
拼車

Samochód pomocy
drogowej
拖車

Śmieciarka
垃圾車

Silnik
馬達

Benzyna
汽油

Stacja benzynowa
加油站

Znak drogowy
交通標識

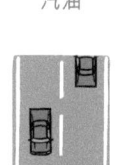

Ruch
交通

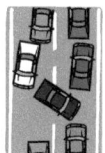

Korek
交通堵塞

Parking
停車場

Dworzec
火車站

Szyny
軌道

Pociąg
火車

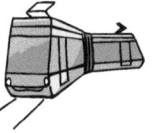

Tramwaj
路面電車

Wagon
客車廂

Helikopter

直升機

Lotnisko

機場

Wieża

塔

Pasażer

乘客

Kontener

集裝箱

Karton

紙板箱

Taczka

手推車

Kosz

籃子

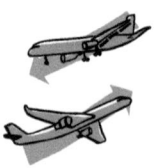

startować / lądować

起飛/降落

Miasto

城市

Wieś

村莊

Centrum miasta

市中心

Dom

房子

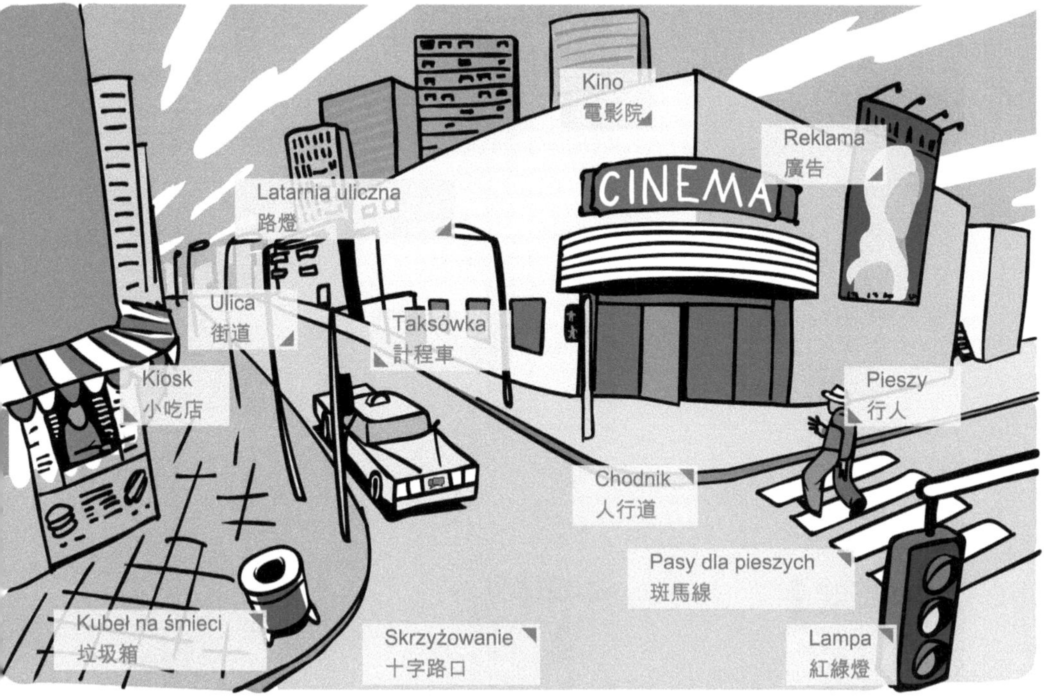
Kino
電影院
Reklama
廣告
CINEMA
Latarnia uliczna
路燈
Ulica
街道
Taksówka
計程車
Kiosk
小吃店
Pieszy
行人
Chodnik
人行道
Pasy dla pieszych
斑馬線
Kubeł na śmieci
垃圾箱
Skrzyżowanie
十字路口
Lampa
紅綠燈

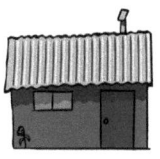

Chata

小屋

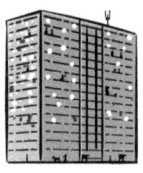

Mieszkanie

公寓

Dworzec

火車站

Ratusz

市政廳

MUSEUM

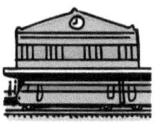

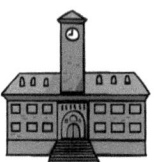

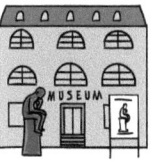

Muzeum

博物館

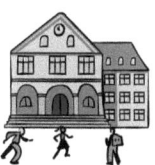

Szkoła

學校

Uniwersytet

大學

Bank

銀行

Szpital

醫院

Hotel

飯店

Apteka

藥房

Biuro

辦公室

Księgarnia

書店

Sklep

商店

Kwiaciarnia

花店

Supermarket

超市

Rynek

市場

Dom towarowy

百貨商店

Sklep z rybami

魚店

Centrum handlowe

購物中心

Port

海港

Park

公園

Ławka

長凳

Most

橋

Schody

樓梯

Metro

捷運

Tunel

隧道

Przystanek autobusowy

公車站

Bar

酒吧

Restauracja

餐館

Skrzynka na listy

郵筒

Tabliczka z nazwą ulicy

路標

Parkometr

停車計時器

Zoo

動物園

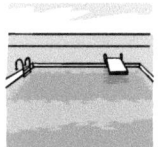

Łaźnia

游泳池

Meczet

清真寺

Gospodarstwo chłopskie

農場

Zanieczyszczenie środowiska

污染

Cmentarz

墓地

Kościół

教堂

Plac zabaw

操場

Świątynia

寺廟

Krajobraz

地形

Liść
樹葉

Drogowskaz
指示牌

Droga
路

Łąka
草地

Kamień
石頭

Wędrowiec
徒步旅行者

Drzewo
樹

Rzeka
河

Trawa
草

Kwiat
花

Dolina

峽谷

Góra

丘陵

Jezioro

湖

Las

森林

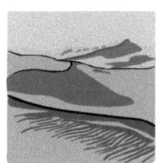

Pustynia

沙漠

Wulkan

火山

Zamek

城堡

Tęcza

彩虹

Grzyb

蘑菇

Palma

棕櫚樹

Komar

蚊子

Mucha

蒼蠅

Mrówka

螞蟻

Pszczoła

蜜蜂

Pająk

蜘蛛

Chrząszcz

甲蟲

Żaba

青蛙

Wiewiórka

松鼠

Jeż

刺蝟

Zając

野兔

Sowa

貓頭鷹

Ptak

鳥

Łabędź

天鵝

Dzik

野豬

Jeleń

鹿

Łoś

麋鹿

Tama

水壩

Wiatrak

風力發電機

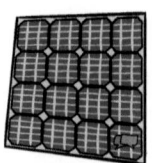

Moduł solarny

太陽能電池板

Klimat

氣候

Restauracja
餐館

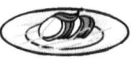

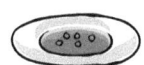

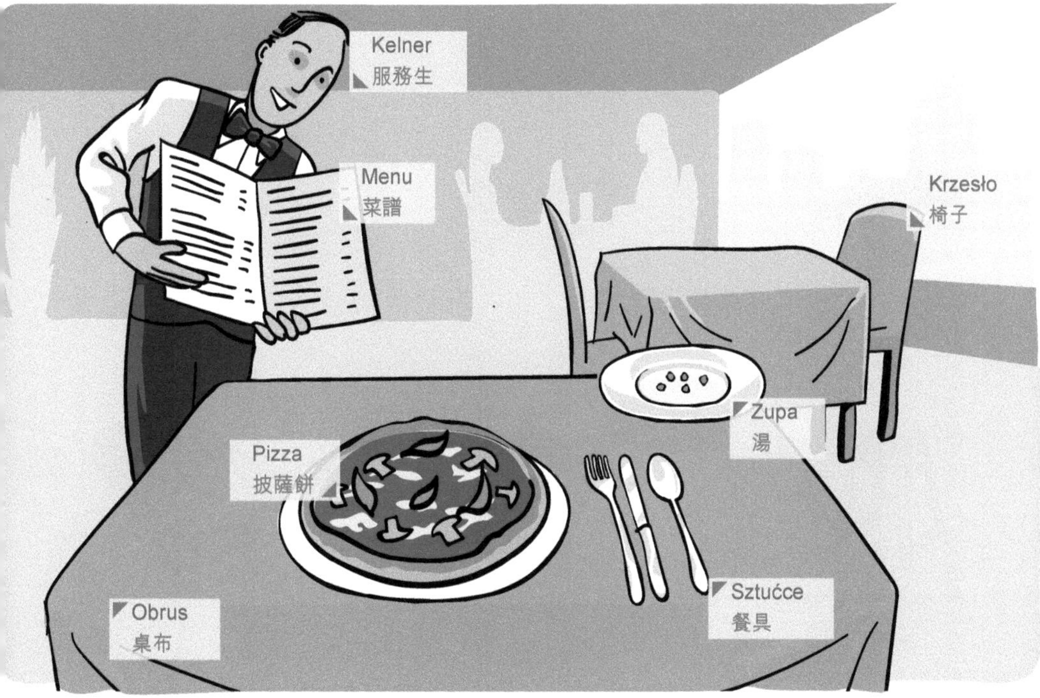
Kelner
服務生
Menu
菜譜
Krzesło
椅子
Zupa
湯
Pizza
披薩餅
Sztućce
餐具
Obrus
桌布

Przystawka

前菜

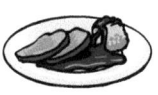

Danie główne

主菜

Deser

甜點

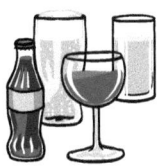

Napoje

飲料

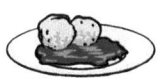

Jedzenie

食物

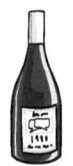

Butelka

瓶子

Fastfood

速食

Streetfood

街邊小吃

Dzbanek na herbatę

茶壺

Cukierniczka

糖盒

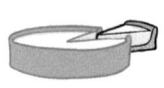

Porcja

一份飯菜

Zaparzarka do espresso

義式咖啡機

Krzesło dla dziecka

高腳椅

Rachunek

帳單

Taca

托盤

Nóż

刀

Widelec

餐叉

Łyżka

勺子

Łyżeczka

茶匙

Serwetka

餐巾

Szklanka

玻璃杯

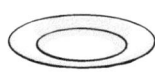

Talerz

碟子

Talerz do zupy

湯盤

Podstawek pod filiżankę

碟子

Sos

醬

Solniczka

鹽瓶

Młynek do pieprzu

胡椒研磨罐

Ocet

醋

Olej

食用油

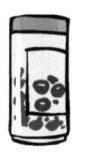

Przyprawy

調味料

Keczup

番茄醬

Musztarda

芥末

Majonez

美乃滋

Supermarket

超市

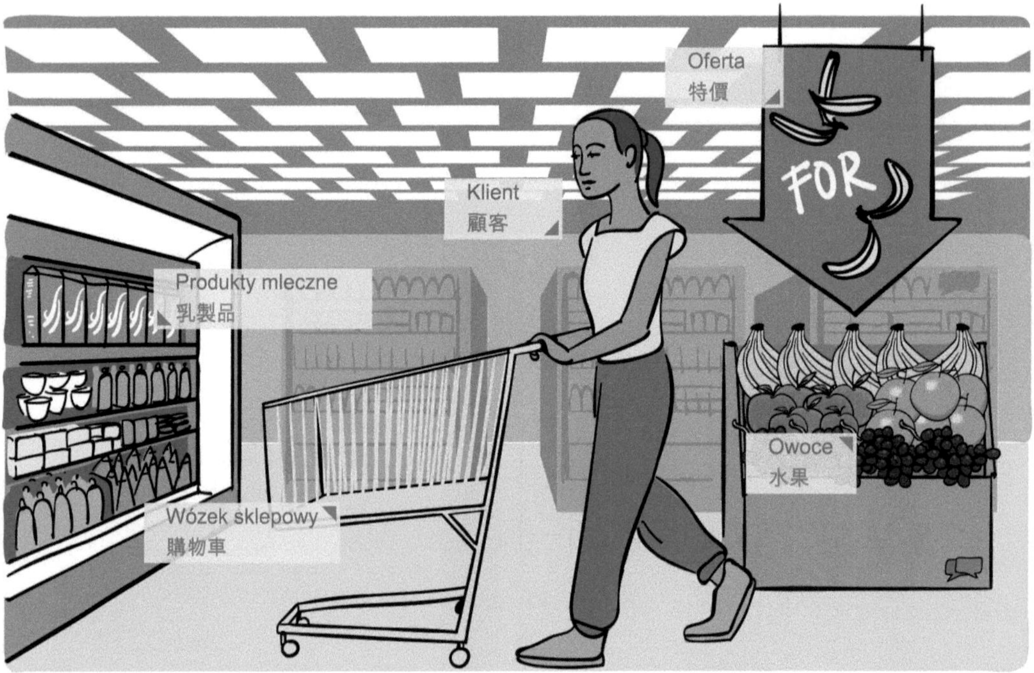

Oferta
特價
FOR
Klient
顧客
Produkty mleczne
乳製品
Owoce
水果
Wózek sklepowy
購物車

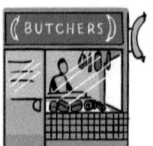

BUTCHERS

Rzeźnia

肉鋪

BAKERY

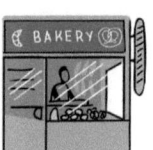

Piekarnia

麵包店

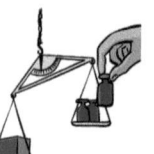

ważyć

稱重

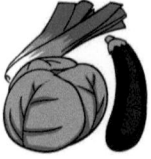

Warzywa

蔬菜

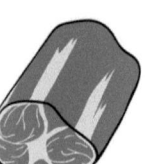

Mięso

肉

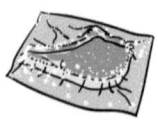

Mrożonki

冷凍食品

Wędliny

冷盤

Konserwy

罐頭食品

Proszek m do prania

洗衣粉

Słodycze

甜食

Artykuły użytku domowego

日用品

Środek czyszczący

清潔用品

Sprzedawczyni

銷售員

Kasa

收銀機

Kasjer

收銀員

Lista zakupów

購物清單

Godziny otwarcia

開放時間

Portfel

錢包

Karta kredytowa

信用卡

Torba

袋子

Torebka plastikowa

塑膠袋

Woda

水

Sok

果汁

Mleko

牛奶

Cola

可樂

Wino

紅酒

Piwo

啤酒

Alkohol

酒

Kakao

可可

Herbata

茶

Kawa

咖啡

Espresso

義式濃縮咖啡

Cappuccino

卡布奇諾

Banan

香蕉

Jabłko

蘋果

Pomarańcza

柳丁

Arbuz

西瓜

Cytryna

檸檬

Marchew

胡蘿蔔

Czosnek

大蒜

Bambus

竹子

Cebula

洋蔥

Grzyb

蘑菇

Orzechy

堅果

Makaron

麵條

Spaghetti

義大利麵

Ryż

米飯

Sałatka

沙拉

Frytki

薯條

Ziemniaki pieczone

炸馬鈴薯

Pizza

披薩餅

Hamburger

漢堡

Kanapka

三明治

Sznycel

炸豬排

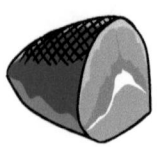

Szynka

火腿

Salami

義大利臘腸

Kiełbasa

香腸

Kura

雞肉

Pieczeń

烤肉

Ryba

魚

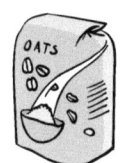

Płatki owsiane

燕麥片

Musli

木斯里

Płatki kukurydziane

玉米片

Mąka

麵粉

Croissant

牛角麵包

Bułka

麵包捲

Chleb

麵包

Toast

吐司

Ciastka

餅乾

Masło

奶油

Twarożek

凝乳

Ciasto

蛋糕

Jajko

蛋

Jajko sadzone

煎蛋

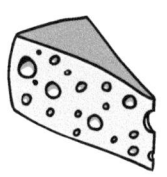

Ser

起司

Lody

冰淇淋

Cukier

糖

Miód

蜂蜜

Marmolada

果醬

Krem nugatowy

巧克力醬

Curry

咖哩

Gospodarstwo chłopskie
農場

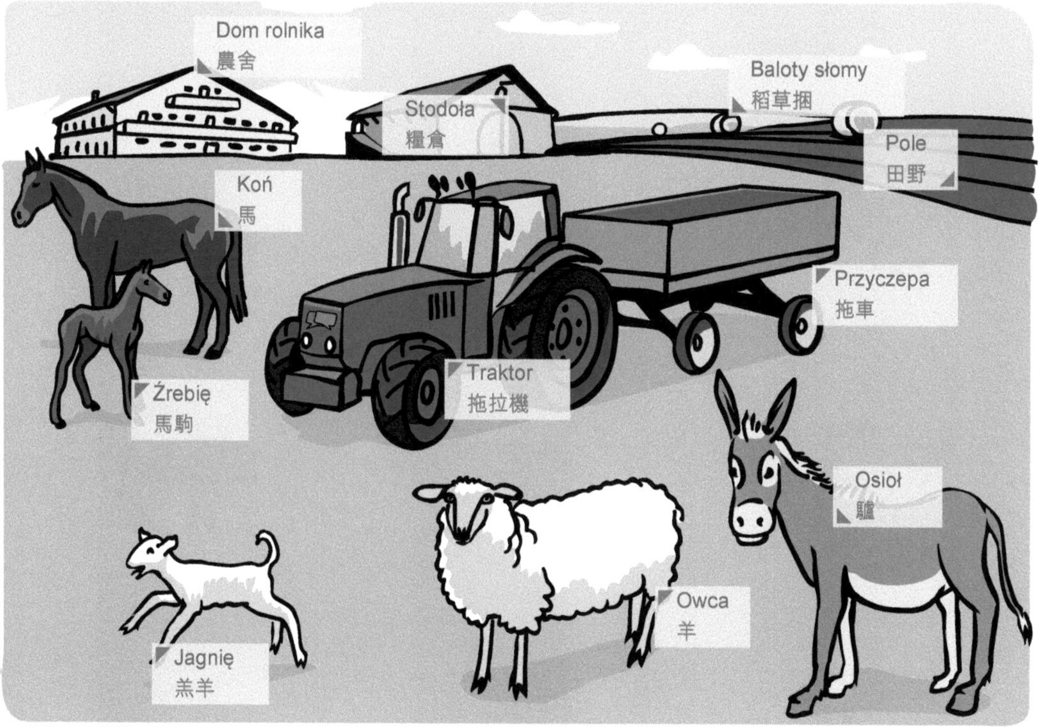
Dom rolnika
農舍
Stodoła
糧倉
Baloty słomy
稻草捆
Pole
田野
Koń
馬
Przyczepa
拖車
Traktor
拖拉機
Źrebię
馬駒
Osioł
驢
Owca
羊
Jagnię
羔羊

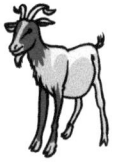

Koza

山羊

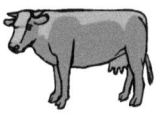

Krowa

奶牛

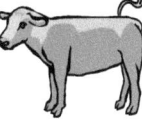

Cielę

小牛

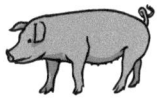

Świnia

豬

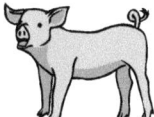

Prosię

小豬

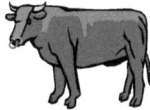

Byk

公牛

Gęś

鵝

Kaczka

鴨

Kurczątko

小雞

Kura

母雞

Kogut

公雞

Szczur

鼠

Kot

貓

Mysz

老鼠

Osioł

牛

Pies

狗

Buda dla psa

狗屋

Wąż ogrodowy

花園澆水軟管

Konewka

澆水壺

Kosa

長柄大鐮刀

Pług

犁

Sierp

鐮刀

Graca

鋤頭

Widły

長柄草耙

Siekiera

斧頭

Taczka

獨輪手推車

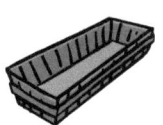

Koryto

飼料槽

Kanka na mleko

牛奶罐

Worek

麻布袋

Płot

柵欄

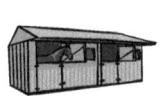

Stajnia

馬廄

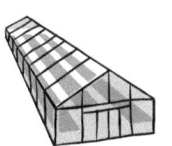

Szklarnia

溫室

Ziemia

土壤

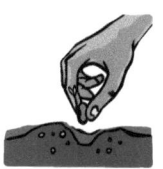

Nasiona

種子

Nawóz

肥料

Kombajn zbożowy

聯合收割機

zbierać

收割

Żniwa

收割

Podchrzyn

地瓜

Pszenica

小麥

Soja

大豆

Ziemniak

土豆

Kukurydza

玉米

Rzepak

油菜籽

Drzewo owocowe

果樹

Maniok

樹薯

Zboże

穀物

Dom
房子

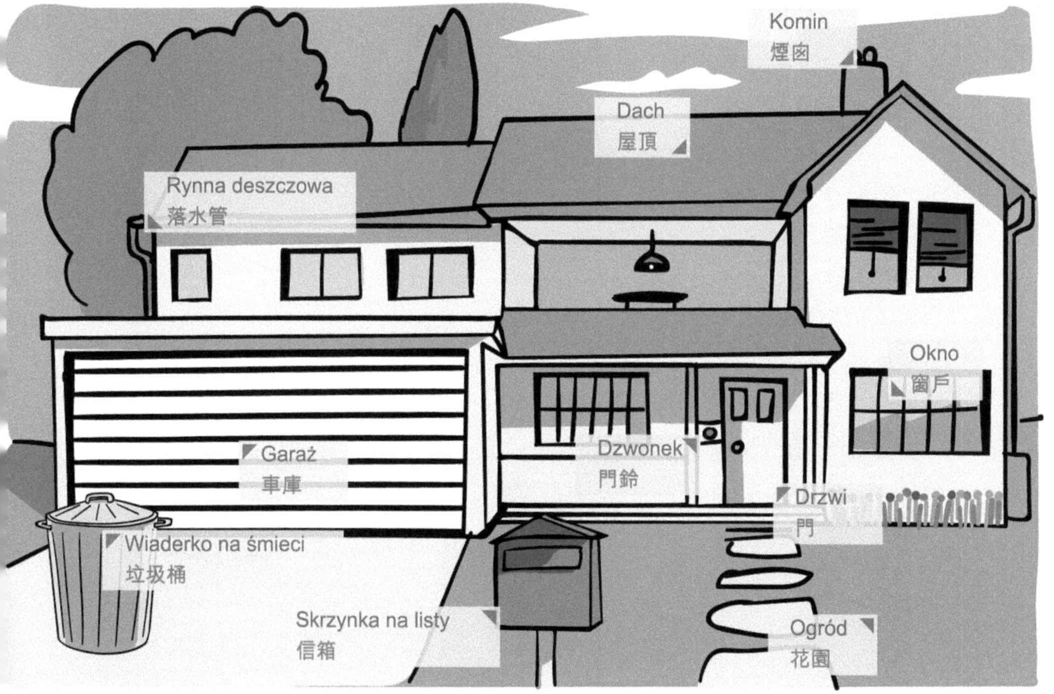

Komin
煙囪
Dach
屋頂
Rynna deszczowa
落水管
Okno
窗戶
Garaż
車庫
Dzwonek
門鈴
Drzwi
門
Wiaderko na śmieci
垃圾桶
Skrzynka na listy
信箱
Ogród
花園

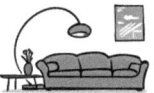

Pokój dzienny
客廳

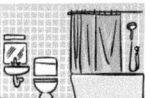

Łazienka
浴室

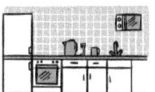

Kuchnia
廚房

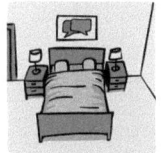

Sypialnia
臥室

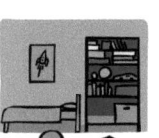

Pokój dziecięcy
兒童房

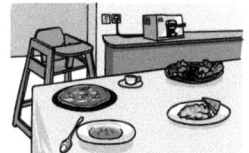

Jadalnia
餐廳

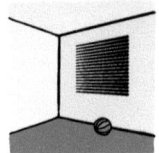

Ziemia

地板

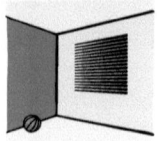

Ściana

牆壁

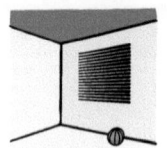

Koc

天花板

Piwnica

地窖

Sauna

三溫暖

Balkon

陽臺

Taras

露臺

Basen

游泳池

Kosiarka do trawy

割草機

Poszwa

被單

Kołdra

床罩

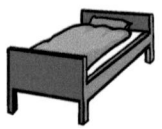

Łóżko

床

Miotła

掃帚

Wiadro

水桶

Włącznik

開關

Pokój dzienny

客廳

Tapeta
壁紙
Obraz
相片
Lampa
檯燈
Regał
擱架
Szafa
櫥櫃
Telewizor
電視
Komin
壁爐
Kwiat
花
Poduszka
墊子
Kanapa
沙發
Wazon
花瓶
Pilot
遙控器

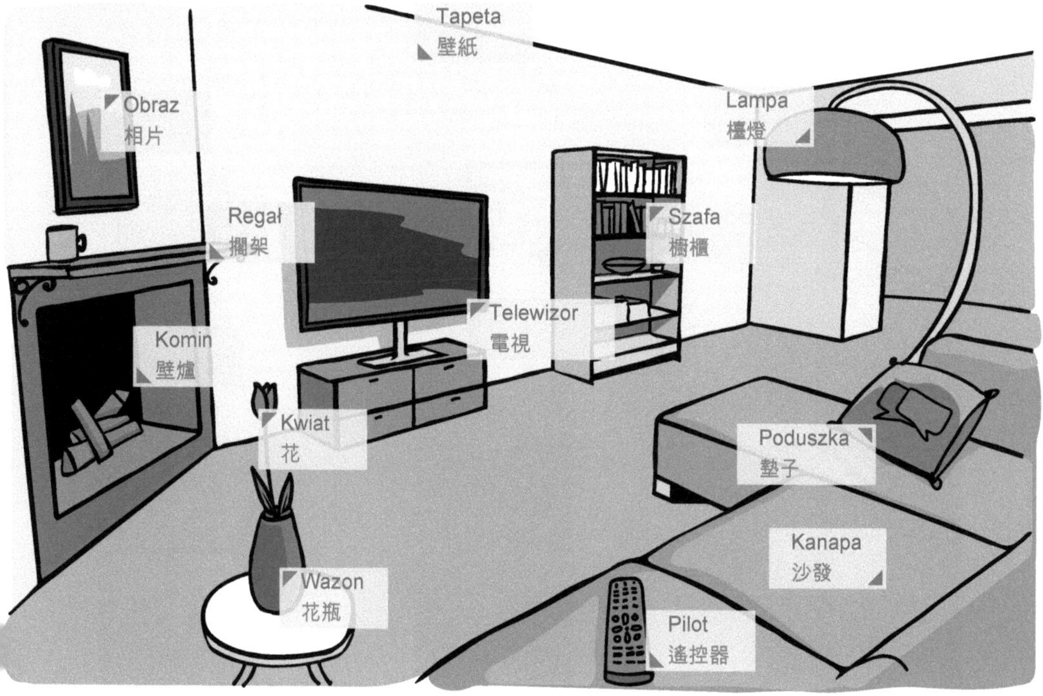

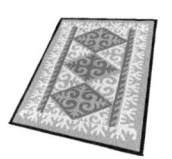

Dywan

地毯

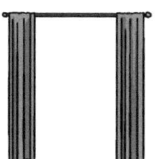

Zasłona

窗簾

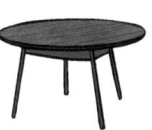

Stół

餐桌

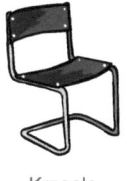

Krzesło

椅子

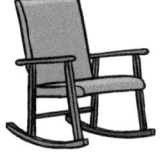

Bujak

搖椅

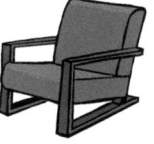

Fotel

扶手椅

Książka

書

Sufit

毯子

Dekoracja

裝飾品

Drewno kominkowe

木柴

Film

電影

Instalacja stereo

高傳真音響

Klucz

鑰匙

Gazeta

報紙

Malunek

油畫

Plakat

海報

Radio

收音機

Notatnik

筆記本

Odkurzacz

吸塵器

Kaktus

仙人掌

Świeczka

蠟燭

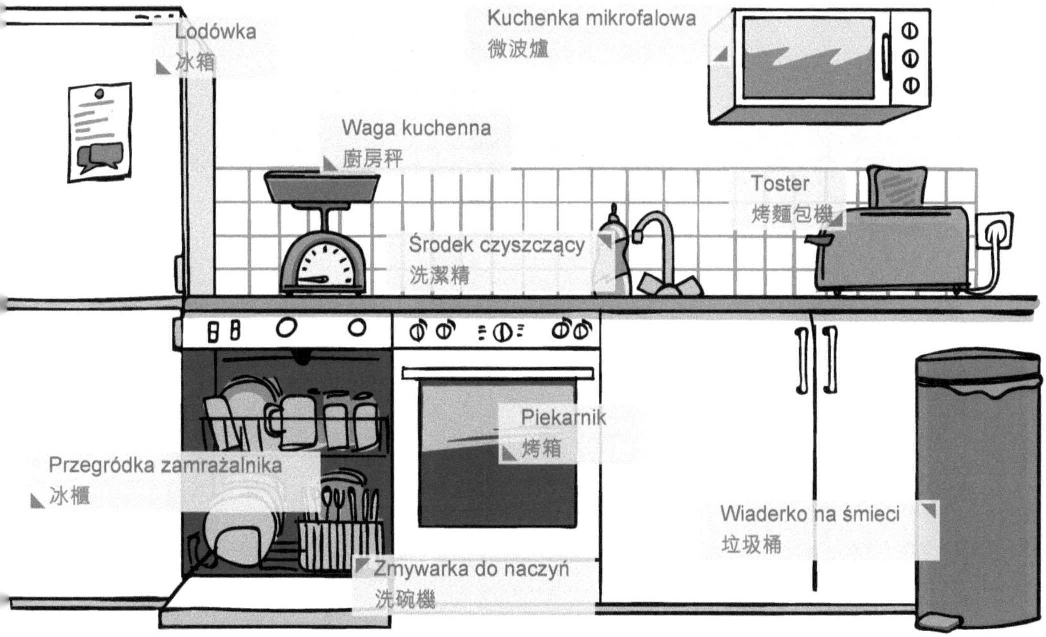

Lodówka
冰箱

Kuchenka mikrofalowa
微波爐

Waga kuchenna
廚房秤

Środek czyszczący
洗潔精

Toster
烤麵包機

Piekarnik
烤箱

Przegródka zamrażalnika
冰櫃

Wiaderko na śmieci
垃圾桶

Zmywarka do naczyń
洗碗機

Kuchenka
炊具

Garnek
鍋

Kocioł żeliwny
鑄鐵鍋

Wok / Kadai
炒鍋

Patelnia
平底鍋

Czajnik
水壺

Parowar

蒸鍋

Blacha do pieczenia

烤盤

Naczynia kuchenne

陶瓷鍋

Kubek

馬克杯

Miska

碗

Pałeczki

筷子

Nabierka

長柄勺

Łopatka do smażenia

鏟子

Trzepaczka do śmietany

攪拌器

Cedzak

濾網

Sitko

篩子

Tarka

磨碎機

Moździerz

研缽

Grillowanie

燒烤

Palenisko

明火

Deska

菜板

Wałek do ciasta

擀麵杖

Puszka

罐子

Otwieracz do puszek

開罐器

Ściereczka do trzymania garnka

隔熱手套

Umywalka

水槽

Szczotka

刷子

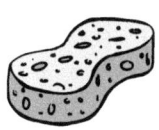

Gąbka

海綿

Mikser

攪拌機

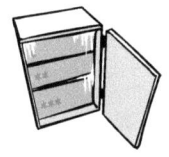

Zamrażarka

冷藏箱

Butelka dla niemowlęcia

奶瓶

Kran

水龍頭

Łazienka

浴室

Ogrzewanie
供暖裝置
Ręcznik
毛巾
Prysznic
淋浴
Kotara prysznicowa
浴簾
Płyn do kąpieli
泡沫浴
Wanna kąpielowa
浴缸
Szklanka
玻璃杯
Pralka
洗衣機
Kran
水龍頭
Kafelki
瓷磚
Nocnik
便壺
Umywalka
水槽

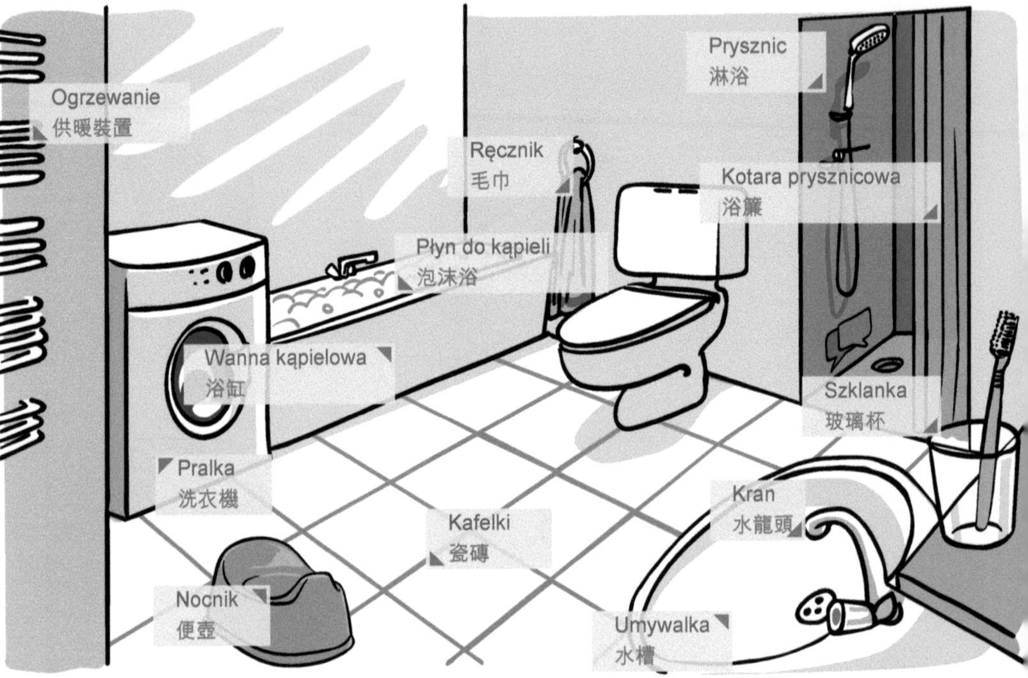

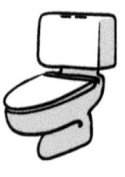

Toaleta

廁所

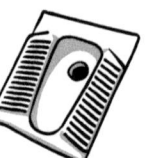

Toaleta kuczna

蹲便器

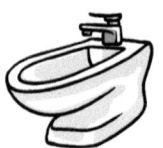

Bidet

坐浴器

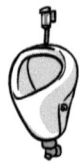

Pisuar

小便斗

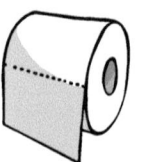

Papier toaletowy

廁紙

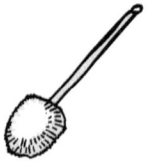

Szczotka toaletowa

馬桶刷

Szczoteczka do zębów

牙刷

Pasta do zębów

牙膏

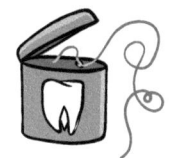

Nitki do czyszczenia zębów

牙線

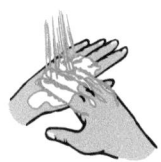

myć

洗

Głowica prysznicowa

手持式蓮蓬頭

Płyn kąpielowy do higieny intymnej

沖洗器

Miska do mycia

洗臉盆

Szczotka kąpielowa

洗背刷

Mydło

肥皂

Żel prysznicowy

沐浴露

Szampon

洗髮乳

Rękawica kąpielowa

法蘭絨

Odpływ

排水

Krem

乳霜

Dezodorant

除臭劑

Lustro

鏡子

Lustro kosmetyczne

手鏡

Golarka

刮鬍刀

Pianka do golenia

刮鬍泡沫

Woda po goleniu

鬍後水

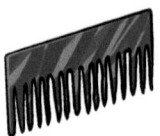

Grzebień

梳子

Szczotka

刷子

Suszarka do włosów

吹風機

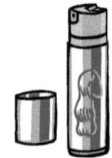

Spray do włosów

噴髮定型劑

Makijaż

化妝品

Pomadka

唇膏

Lakier do paznokci

指甲油

Wata

化妝棉

Nożyczki do paznokci

指甲剪

Perfum

香水

Kosmetyczka

洗漱包

Taboret

凳子

Waga

計重秤

Szlafrok kąpielowy

浴袍

Rękawice gumowe

橡膠手套

Tampon

衛生棉條

Podpaska damska

衛生棉

Toaleta chemiczna

化學廁所

Pokój dziecięcy

兒童房

Budzik
鬧鐘
Pluszowa przytulanka
毛絨玩具
Samochodzik
玩具車
Grzechotka
撥浪鼓
Domek dla lalek
玩具屋
Prezent
禮物

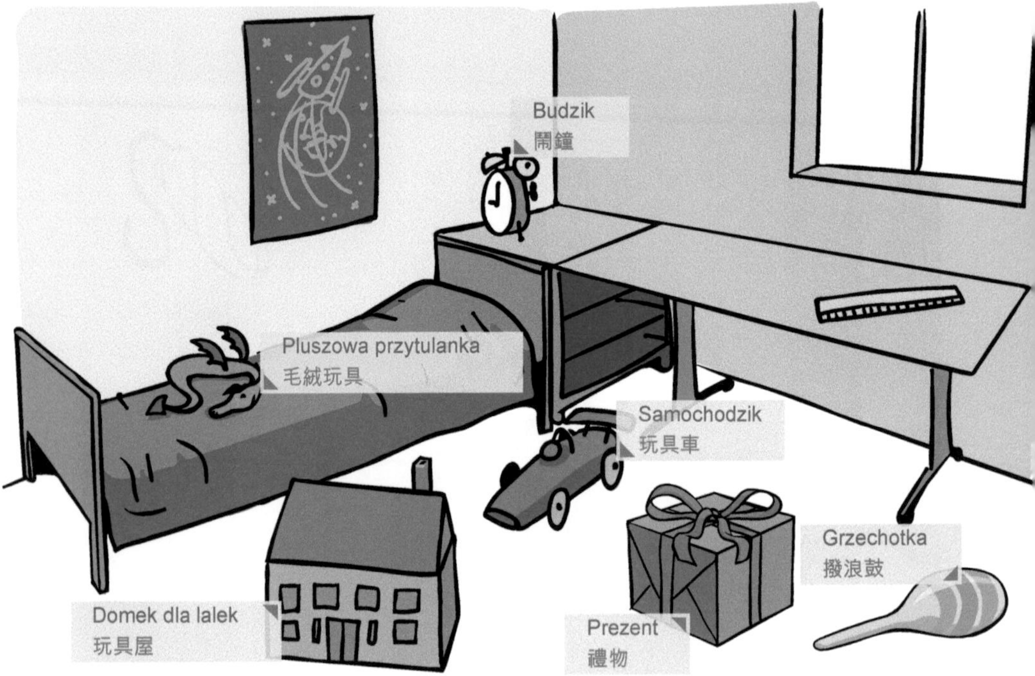

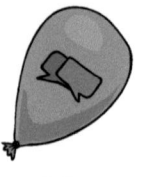

Balon

氣球

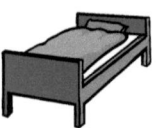

Łóżko

床

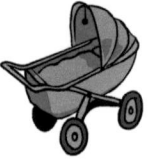

Wózek dziecięcy

嬰兒車

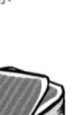

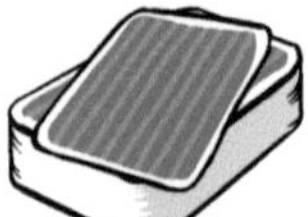

Gra w karty

撲克牌

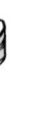

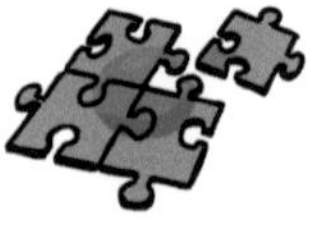

Puzzle

拼圖

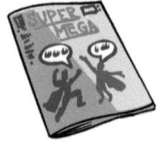

Komiks

漫畫

Klocki lego

樂高積木

Klocki

積木玩具

Action figura

公仔

Śpioszek dziecięcy

嬰兒服

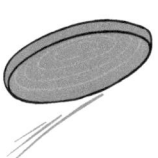

Frisbee

飛盤

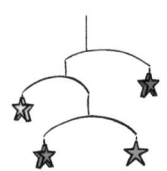

Zabawki ruchome

床鈴玩具

Gra planszowa

棋盤遊戲

Kości

骰子

Kolejka elektryczna

火車模型

Smoczek

安撫奶嘴

Przyjęcie

派對

Książka z ilustracjami

繪本

Piłka

球

Lalka

洋娃娃

bawić się

玩

Piaskownica

沙坑

Huśtawka

鞦韆

Zabawki

玩具

Konsola do gier

電玩遊戲

Rowerek trójkołowy

三輪車

Pluszowy miś

泰迪熊

Szafa ubraniowa

衣櫃

Ubiór

衣服

Skarpety

襪子

Pończochy

長襪

Rajstopy

緊身褲

Szal
圍巾

Parasol
雨傘

T-Shirt
T恤

Pasek
皮帶

Kozaki
靴子

Pantofle domowe
拖鞋

Obuwie sportowe
運動鞋

Sandały
涼鞋

Buty
鞋

Kalosze
雨靴

Majtki
內褲

Biustonosz
胸罩

Podkoszulek
背心

Body

身體

Spodnie

褲子

Dżins

牛仔褲

Spódnica

短裙

Bluzka

女式襯衫

Koszula

襯衫

Pulower

套頭衫

Bluza sportowa

連帽上衣

Marynarka

西裝夾克

Kurtka

夾克

Płaszcz

外套

Płaszcz przeciwdeszczowy

雨衣

Kostium

套裝

Sukienka

連衣裙

Suknia ślubna

婚紗

Garnitur męski

西裝

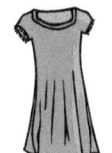

Koszula nocna

睡袍

Piżama

睡衣

Sari

莎麗

Chusta na głowę

頭巾

Turban

包頭巾

Burka

波卡

Kaftan

卡夫坦

Abaya

(阿拉伯式)長袍

Strój kąpielowy

泳衣

Kąpielówki

男式泳褲

Krótkie spodnie

短褲

Dres sportowy

運動服

Fartuch

圍裙

Rękawiczki

手套

Guzik

鈕扣

Okulary

眼鏡

Bransoletka

手鏈

Łańcuszek

項鍊

Pierścionek

戒指

Kolczyk

耳環

Czapka

便帽

Wieszak

衣架

Kapelusz

帽子

Krawat

領帶

Zamek błyskawiczny

拉鍊

Kask

安全帽

Szelki

背帶

Mundurek szkolny

校服

Mundur

制服

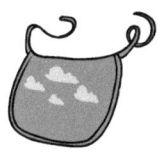

Śliniaczek

圍兜

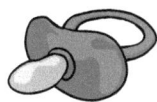

Smoczek

安撫奶嘴

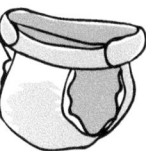

Pieluszka

尿布

Biuro
辦公室

Serwer
伺服器
Szafa na akta
檔案櫃
Drukarka
印表機
Papier
紙
Monitor
螢幕
Mysz
滑鼠
Biurko
辦公桌
Segregator
資料夾
Klawiatura
鍵盤
Kosz na odpadki
廢紙簍
Komputer
電腦
Krzesło
椅子

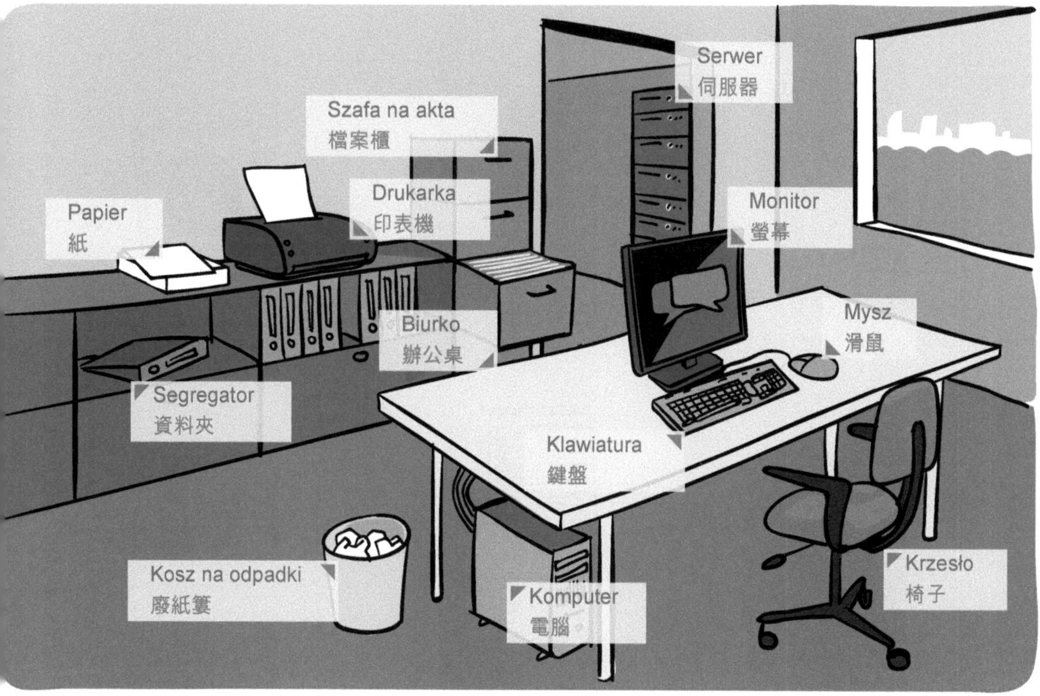

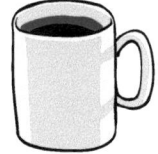

Filiżanka do kawy

咖啡杯

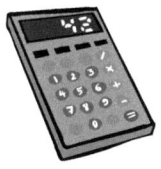

Kalkulator

計算機

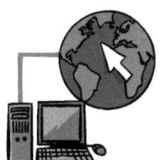

Internet

網際網路

Laptop

筆記型電腦

List

信件

Wiadomość

簡訊

Komórka

行動電話

Sieć

網路

Kopiarka

影印機

Oprogramowanie

軟體

Telefon

電話

Gniazdko

插座

Faks

傳真機

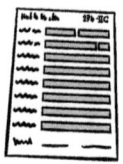

Formularz

表格

Dokument

檔案

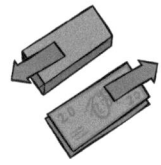

kupić

買

płacić

付錢

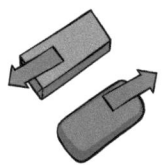

postępować

交易

Pieniądze

現金

Dolar

美元

Euro

歐元

Jen

日元

Rubel

盧布

Frank

瑞士法郎

Juan Renminbi

人民幣

Rupia

盧比

Bankomat

提款處

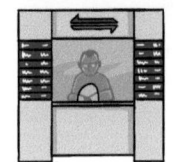

Kantor wymiany walut

外幣兌換處

Złoto

金

Srebro

銀

Olej

石油

Energia

能源

Cena

價格

Umowa

合約

Podatek

稅金

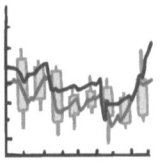

Akcja

股票

pracować

工作

Pracownik umysłowy

職員

Pracodawca

老闆

Fabryka

工廠

Sklep

商店

Zawody
職業

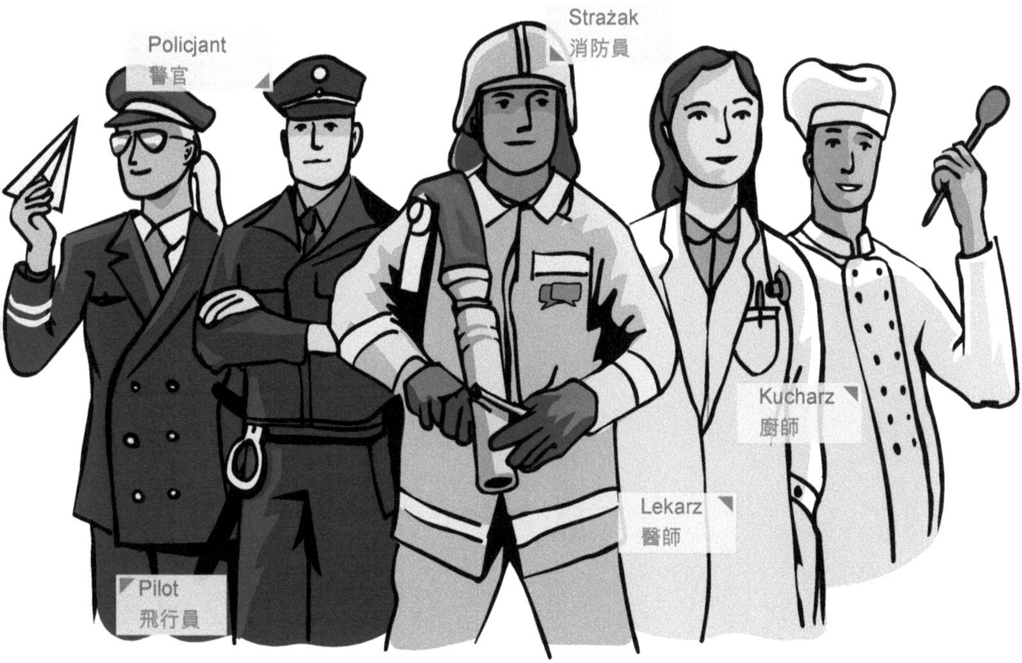
Policjant
警官
Strażak
消防員
Kucharz
廚師
Lekarz
醫師
Pilot
飛行員

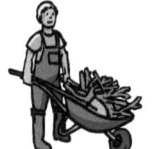

Ogrodnik

園丁

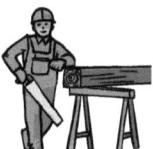

Stolarz

木匠

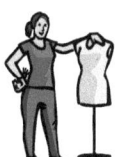

Krawcowa

裁縫

Sędzia

法官

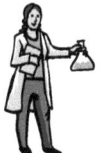

Chemik

化學家

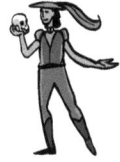

Aktor

演員

Kierowca autobusu

公車司機

Taksówkarz

計程車司機

Fischer

漁夫

Sprzątaczka

清洗女工

Dekarz

屋頂工

Kelner

服務生

Myśliwy

獵人

Malarz

畫家

Piekarz

麵包師

Elektryk

電工

Robotnik budowlany

建築工人

Inżynier

工程師

Rzeźnik

屠夫

Instalator

水管工

Listonosz

郵差

Żołnierz

士兵

Architekt

建築師

Kasjer

收銀員

Florysta

花農

Fryzjer

理髮師

Konduktor

售票員

Mechanik

機械技師

Kapitan

船長

Dentysta

牙醫

Naukowiec

科學家

Rabin

拉比

Imam

伊瑪目

Mnich

和尚

Proboszcz

牧師

Narzędzia

工具

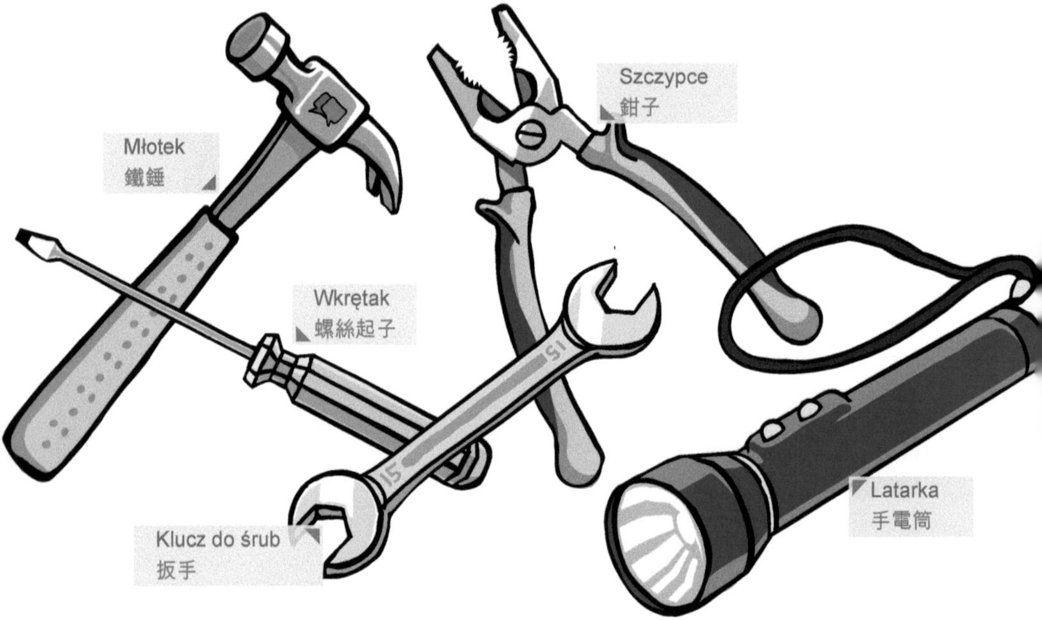

Szczypce
鉗子
Młotek
鐵鎚
Wkrętak
螺絲起子
Latarka
手電筒
Klucz do śrub
扳手

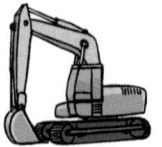

Koparka

挖掘機

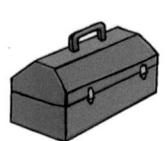

Skrzynka narzędziowa

工具箱

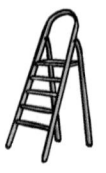

Drabina

梯子

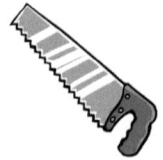

Piła

鋸子

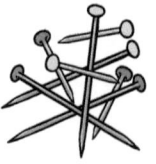

Gwoździe

釘子

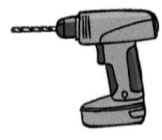

Wiertło

鑽機

naprawić

修

Łopatka

鏟子

Cholera!

糟糕！

Szufelka

畚箕

Puszka z farbą

油漆桶

Śruby

螺絲

Instrumenty muzyczne

樂器

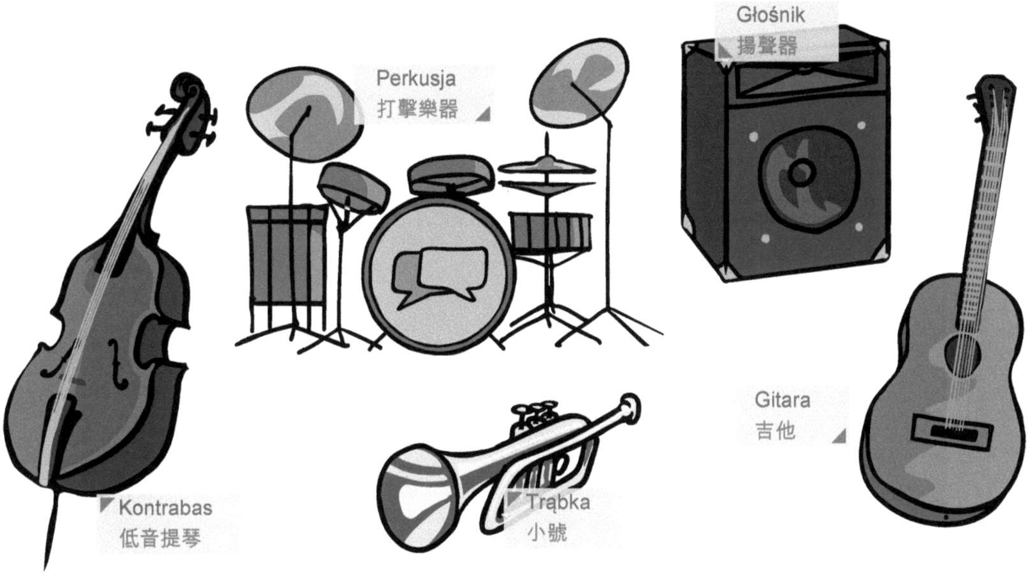

Głośnik
揚聲器

Perkusja
打擊樂器

Kontrabas
低音提琴

Trąbka
小號

Gitara
吉他

Pianino

鋼琴

Skrzypce

小提琴

Bas

貝斯

Kotły

定音鼓

Bęben

鼓

Keyboard

電子琴

Saksofon

薩克斯風

Flet

長笛

Mikrofon

麥克風

Zoo
動物園

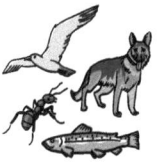

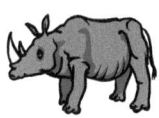

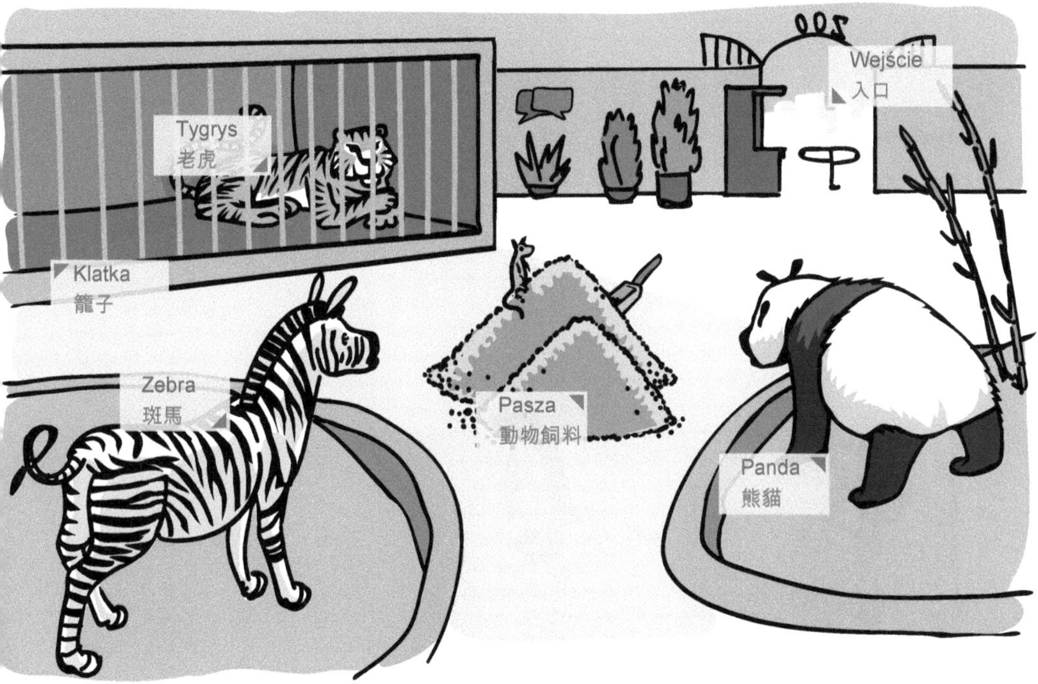
Tygrys
老虎
Wejście
入口
Klatka
籠子
Zebra
斑馬
Pasza
動物飼料
Panda
熊貓

Zwierzęta
動物

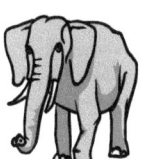

Słoń
大象

Kangur
袋鼠

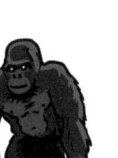

Nosorożec
犀牛

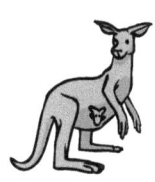

Goryl
大猩猩

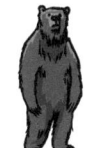

Niedźwiedź
熊

Wielbłąd

駱駝

Struś

鴕鳥

Lew

獅子

Małpa

猴子

Fleming

紅鶴

Papuga

鸚鵡

Niedźwiedź polarny

北極熊

Pingwin

企鵝

Rekin

鯊魚

Paw

孔雀

Wąż

蛇

Krokodyl

鱷魚

Dozorca w zoo

動物園管理員

Foka

海豹

Jaguar

美洲豹

Kucyk

矮種馬

Gepard

豹

Hipopotam

河馬

Żyrafa

長頸鹿

Orzeł

老鷹

Dzik

野豬

Ryba

魚

Żółw

龜

Mors

海象

Lis

狐狸

Gazela

羚羊

Sport

Futbol amerykański
橄欖球

Kolarstwo
騎腳踏車

Tenis
網球

Koszykówka
籃球

Pływanie
游泳

Boks
拳擊

Hokej na lodzie
冰球

Piłka nożna

美式足球

Badminton

羽毛球

Lekka atletyka

田徑

Piłka ręczna

手球

Narciarstwo

滑雪

Polo

馬球

Działania
活動

skakać
跳
śpiewać
唱
objąć
擁抱
śmiać się
笑
iść
走路
modlić się
祈禱
całować
親吻
marzyć
做夢

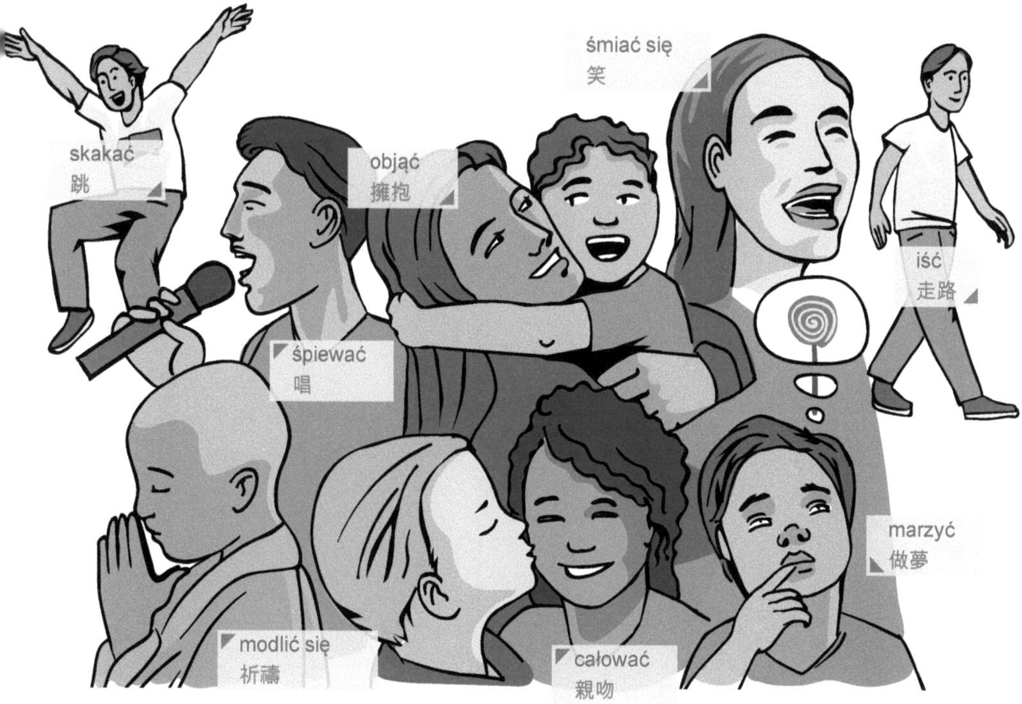

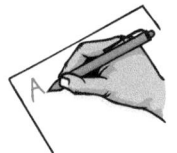

pisać

書寫

rysować

畫

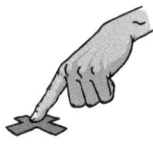

pokazywać

展示

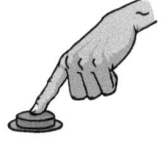

nacisnąć

推

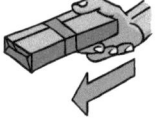

dać

給

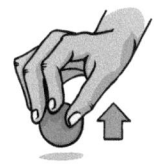

wziąć

拿

mieć

有

robić

做

być

當

stać

站

biegać

跑

ciągnąć

拉

rzucać

丟

spaść

摔倒

leżeć

躺

czekać

等待

nosić

攜帶

siedzieć

坐

zakładać

穿衣

spać

睡覺

budzić się

醒來

spojrzeć

看

płakać

哭

głaskać

擊

czesać się

梳頭

mówić

交談

rozumieć

明白

pytać

問

słyszeć

聽

pić

喝

jeść

吃

sprzątać

清理

kochać

愛

gotować

做飯

jechać

開車

latać

飛

żeglować

航行

liczyć

計算

czytać

讀

uczyć się

學習

pracować

工作

wejść w związek małżeński

結婚

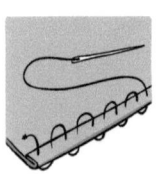

szyć

縫

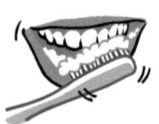

myć zęby

刷牙

zabić

殺

palić tytoń

抽菸

wysłać

寄

Babcia
祖母

Dziadek
祖父

Ojciec
父親

Matka
母親

Niemowlę
嬰兒

Córka
女兒

Syn
兒子

Gość

客人

Ciotka

阿姨

Wujek

叔叔

Brat

兄弟

Siostra

姐妹

Ciało

身體

Czoło
前額
Oko
眼睛
Ramię
肩膀
Palec
手指
Twarz
臉
Broda
下巴
Ręka
手
Noga
腿
Pierś
乳房
Ramię
手臂

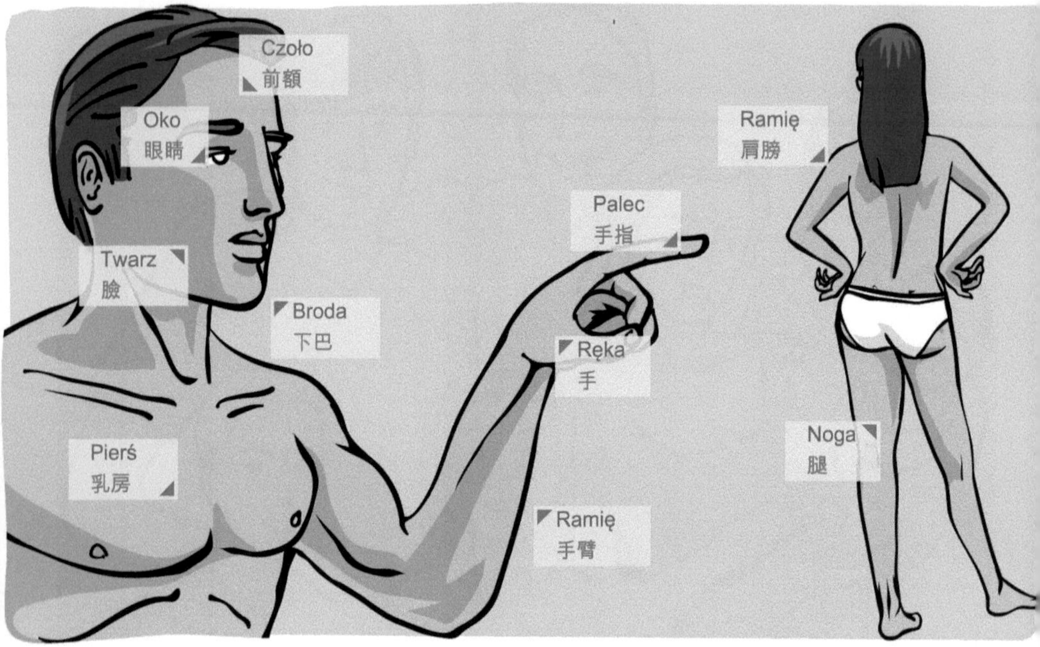

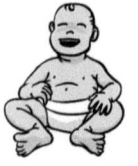

Niemowlę

嬰兒

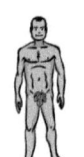

Mężczyzna

男人

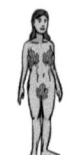

Kobieta

女人

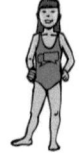

Dziewczyna

女孩

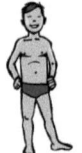

Chłopiec

男孩

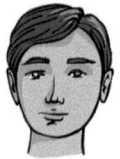

Głowa

頭

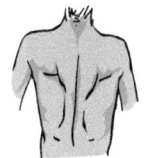

Plecy

背部

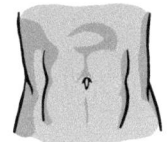

Brzuch

肚子

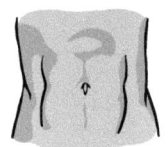

Pępek

肚臍

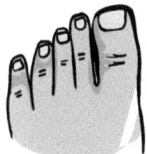

palec nogi

腳趾

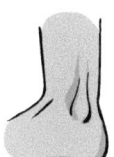

Pięta

腳後跟

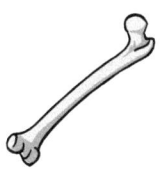

Kość

骨頭

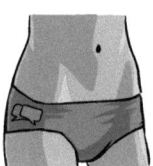

Biodro

臀部

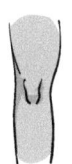

Kolano

膝蓋

Łokieć

手肘

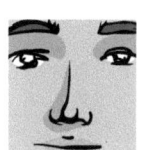

Nos

鼻子

Pośladki

屁股

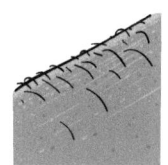

Skóra

皮膚

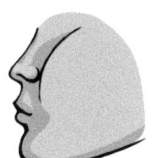

Policzek

臉頰

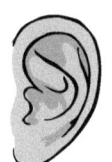

Uszy

耳朵

Warga

嘴唇

Usta

嘴

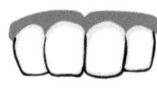

Ząb

牙齒

Język

舌頭

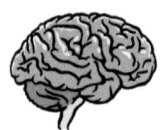

Mózg

腦

Serce

心臟

Mięsień

肌肉

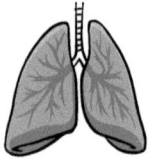

Płuca

肺

Wątroba

肝臟

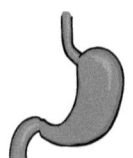

Żołądek

胃

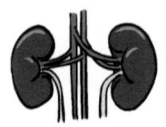

Nerki

腎臟

Stosunek płciowy

性交

Kondom

保險套

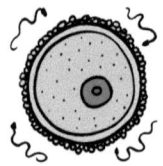

Komórka jajowa

卵子

Sperma

精子

Ciąża

懷孕

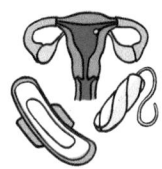

Menstruacja

月事

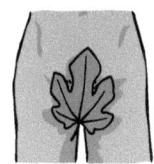

Wagina

陰道

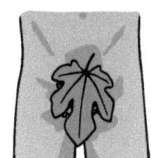

Penis

陰莖

Brew

眉毛

Włosy

頭髮

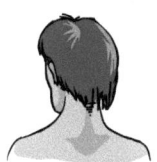

Szyja

脖子

Szpital
醫院

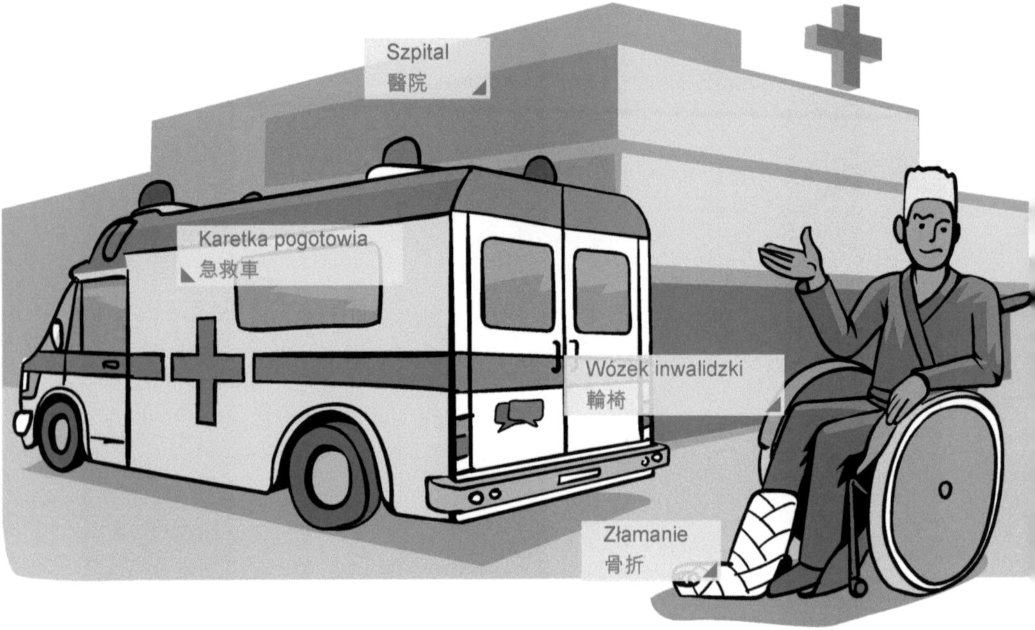

Szpital
醫院
Karetka pogotowia
急救車
Wózek inwalidzki
輪椅
Złamanie
骨折

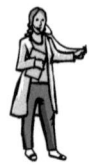

Lekarz
醫師

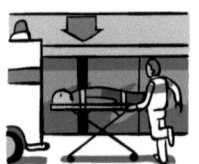

Izba przyjęć
急診室

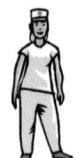

Pielęgniarka
護理師

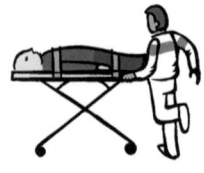

Nagły przypadek
緊急情形

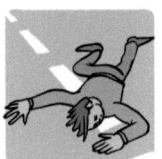

nieprzytomny
昏迷

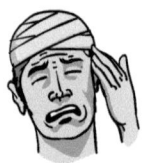

Ból
痛

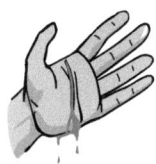

Skaleczenie

受傷

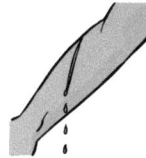

Krwawienie

出血

Zawał serca

心臟病發作

Udar mózgu

中風

Alergia

過敏

Kaszleć

咳嗽

Gorączka

發燒

Grypa

流感

Biegunka

腹瀉

Ból głowy

頭痛

Rak

癌症

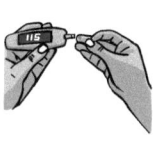

Cukrzyca

糖尿病

Chirurg

外科醫師

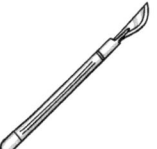

Skalpel

手術刀

Operacja

手術

CT

電腦斷層掃描

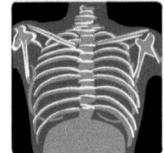

Rentgen

X光

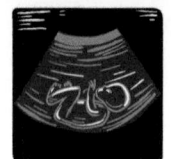

Ultradźwięki

超音波

Maska

口罩

Choroba

疾病

Poczekalnia

候診室

Kula

拐杖

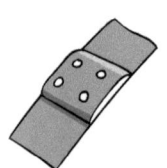

Plaster

石膏

Opatrunek

繃帶

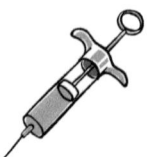

Iniekcja

注射

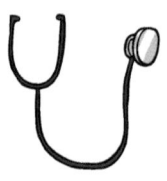

Stetoskop

聽診器

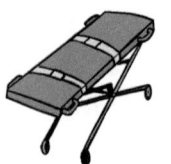

Nosze

擔架

Termometr

體溫計

Poród

出生

Nadwaga

超重

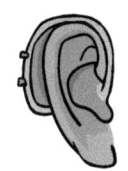

Aparat słuchowy

助聽器

Środek dezynfekcyjny

消毒液

Infekcja

感染

Wirus

病毒

HIV / AIDS

愛滋病

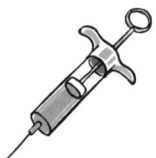

Medycyna

藥物

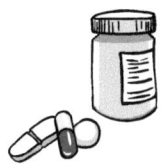

Szczepienie

接種疫苗

Tabletki

藥片

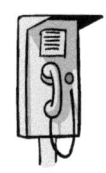

Pigułka

藥丸

Telefon ratunkowy

急救電話

Ciśnieniomierz krwi

血壓計

chory / zdrowy

生病/健康

Pomocy!

救命！

Alarm

警報

Napad

突擊

Atak

攻擊

Niebezpieczeństwo

危險

Wyjście awaryjne

緊急出口

Pożar!

失火了！

Gaśnica

滅火器

Wypadek

意外

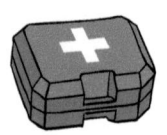

Walizeczka pierwszej
pomocy

急救箱

SOS

呼救訊號

Policja

員警

Europa

歐洲

Ameryka Północna

北美洲

Ameryka Południowa

南美洲

Afryka

非洲

Azja

亞洲

Australia

澳洲

Atlantyk

大西洋

Pacyfik

太平洋

Ocean Indyjski

印度洋

Ocean Antarktyczny

南冰洋

Ocean Arktyczny

北冰洋

Biegun północny

北極

Biegun południowy

南極

Antarktyda

南極洲

Ziemia

地球

Kraj

陸地

Morze

海

Wyspa

島

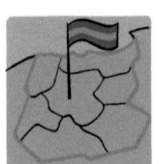

Naród

國家

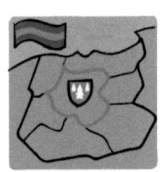

Państwo

州

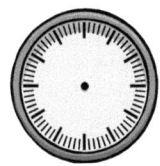

Cyferblat

錶盤

Wskazówka godzinowa

時針

Wskazówka minutowa

分針

Wskazówka sekundowa

秒針

Która godzina?

現在幾點？

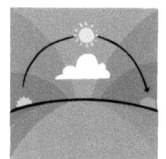

Dzień

天

Czas

時間

teraz

現在

Zegarek digitalny

電子錶

Minuta

分

Godzina

時

Tydzień
週

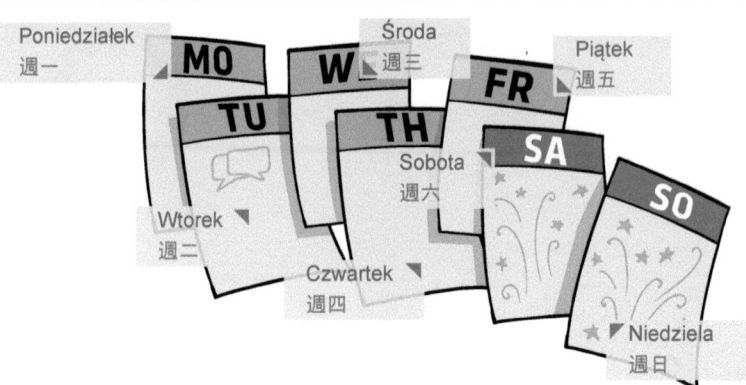

Poniedziałek
週一

Środa
週三

Piątek
週五

Wtorek
週二

Sobota
週六

Czwartek
週四

Niedziela
週日

wczoraj

昨天

dzisiaj

今天

jutro

明天

Rano

早晨

Południe

中午

Wieczór

晚上

Dni robocze

工作日

Weekend

週末

Deszcz
雨

Tęcza
彩虹

Śnieg
雪

Wiatr
風

Wiosna
春

Jesień
秋

Lato
夏

Zima
冬

Prognoza pogody

天氣預告

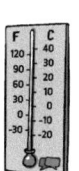

Termometr

溫度計

Światło słoneczne

陽光

Chmura

雲

Mgła

霧

Wilgotność powietrza

潮濕

Błyskawica

閃電

Grzmot

打雷

Sztorm

風暴

Grad

冰雹

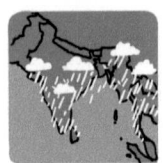

Monsun

季風

Potop

洪水

Lód

冰

Styczeń

一月

Luty

二月

Marzec

三月

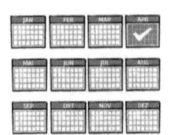

Kwiecień

四月

Maj

五月

Czerwiec

六月

Lipiec

七月

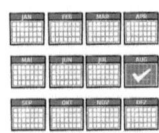

Sierpień

八月

Wrzesień
....
九月

Październik
....
十月

Listopad
....
十一月

Grudzień
....
十二月

Kształty

形狀

Koło
....
圓形

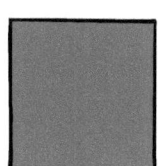

Kwadrat
....
正方形

Prostokąt
....
長方形

Trójkąt
....
三角形

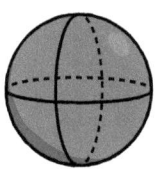

Kula
....
球體

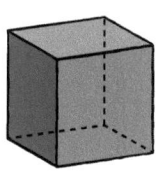

Sześcian
....
立方體

biały

白

żółty

黄

pomarańczowy

橙

różowy

粉

czerwony

紅

liliowy

紫

niebieski

藍

zielony

綠

brązowy

棕

szary

灰

czarny

黑

dużo / mało

很多/少許

wściekły / spokojny

生氣/平靜

piękny / brzydki

美/醜

początek / koniec

首/尾

duży / mały

大/小

jasny / ciemny

明/暗

brat / siostra

兄弟/姐妹

czysty / brudny

乾淨/骯髒

kompletny / niekompletny

完整/缺失

dzień / noc

白天/晚上

umarły / żywy

死/生

szeroki / wąski

寬/窄

jadalny / niejadalny

可食用/非食用

zły / uprzejmy

邪惡/善良

podniecony / znudzony

興奮/無聊

gruby / chudy

胖/瘦

najpierw / na końcu

第一/最後

przyjaciel / wróg

朋友/敵人

pełen / pusty

滿/空

twardy / miękki

硬/軟

ciężki / lekki

重/輕

głód / pragnienie

餓/渴

chory / zdrowy

生病/健康

nielegalny / legalny

非法/合法

inteligentny / głupi

聰明/愚笨

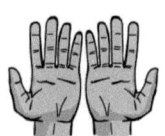

lewo / prawo

左/右

bliski / daleki

近/遠

nowy / używany

新/舊

nic / coś

沒有/有些

stary / młody

老/幼

włącz / wyłącz

開/關

otwarty / zamknięty

打開/闔上

cichy / głośny

安靜/吵鬧

bogaty / biedny

富/窮

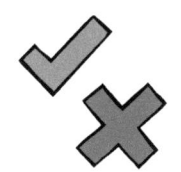

prawidłowy / błędny

對/錯

chropowaty / gładki

粗糙/光滑

smutny / szczęśliwy

傷心/高興

krótki / długi

短/長

powolny / szybki

慢/快

mokry/suchy

濕/乾

ciepły / chłodny

溫暖/涼爽

wojna / pokój

戰爭/和平

Liczby

0

zero

零

1

jeden

一

2

dwa

二

3

trzy

三

4

cztery

四

5

pięć

五

6

sześć

六

7

siedem

七

8

osiem

八

9

dziewięć

九

10

dziesięć

十

11

jedenaście

十一

12
dwanaście
十二

13
trzynaście
十三

14
czternaście
十四

15
piętnaście
十五

16
szesnaście
十六

17
siedemnaście
十七

18
osiemnaście
十八

19
dziewiętnaście
十九

20
dwadzieścia
二十

100
sto
百

1.000
tysiąc
千

1.000.000
milion
百萬

Angielski

英語

Angielski amerykański

美式英語

Chiński mandaryński

普通話

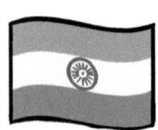

Hindi

印地語

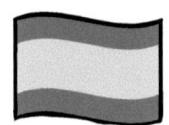

Hiszpański

西班牙語

Francuski

法語

Arabski

阿拉伯語

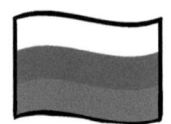

Rosyjski

俄語

Portugalski

葡萄牙語

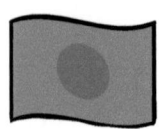

Bengalski

孟加拉語

Niemiecki

德語

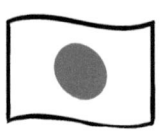

Japoński

日語

ja

我

ty

你

on / ona / ono

他/她/它

my

我們

wy

你們

oni

他們

kto?

誰？

co?

什麼？

jak?

如何？

gdzie?

何處？

kiedy?

何時？

Nazwisko

名字

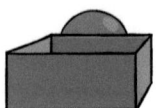

za

後面

w

裡面

przed

前面

powyżej

上方

na

上面

pod

下麵

obok

旁邊

między

中間

Miejsce

地點